[美]博恩·崔西（Brian Tracy） 著

王琰 译

管理

发挥自身才能，释放他人潜力
MANAGEMENT

中国科学技术出版社
·北京·

Management by Brian Tracy.
Copyright © 2014 Brian Tracy.
Original English language edition published by arrangement with HarperCollins Leadership, a division of HarperCollins Focus, LLC.
Simplified Chinese translation copyright ©2020 by China Science and Technology Press Co., Ltd.
All rights reserved.
北京市版权局著作权合同登记　图字：01-2021-3257。

图书在版编目（CIP）数据

管理 /（美）博恩·崔西著；王琰译 . — 北京：中国科学技术出版社，2021.9

书名原文：Management

ISBN 978-7-5046-9167-5

Ⅰ . ①管… Ⅱ . ①博… ②王… Ⅲ . ①管理学 Ⅳ . ① C93

中国版本图书馆 CIP 数据核字（2021）第 177916 号

策划编辑	杜凡如　褚福祎	责任编辑	陈　洁
封面设计	马筱琨	版式设计	蚂蚁设计
责任校对	邓雪梅	责任印制	李晓霖

出　　版	中国科学技术出版社
发　　行	中国科学技术出版社有限公司发行部
地　　址	北京市海淀区中关村南大街 16 号
邮　　编	100081
发行电话	010-62173865
传　　真	010-62173081
网　　址	http://www.cspbooks.com.cn

开　　本	787mm×1092mm　1/32
字　　数	52 千字
印　　张	5.25
版　　次	2021 年 9 月第 1 版
印　　次	2021 年 9 月第 1 次印刷
印　　刷	北京盛通印刷股份有限公司
书　　号	ISBN 978-7-5046-9167-5/C·178
定　　价	59.00 元

（凡购买本社图书，如有缺页、倒页、脱页者，本社发行部负责调换）

前言
PREFACE

200年前,在工业革命初期,世界上大多数国家都处于贫困状态。而如今,虽然仍有一部分国家处于贫困状态,但在过去的200多年中,人类社会经历了几场伟大的技术革命。这几场技术革命从蒸汽机和电力开始,一直发展到如今人类能够掌握并使用一些惊人的技术。事实证明,高科技的发展和使用已大大减轻了西方大多数国家的贫困,也为更多的人创造了历史上前所未有的财富。

但事实上,为人类创造财富的并不是技术。与其说人类社会经历了几场技术革命,倒不如说

经历了几场管理革命。公司和组织的高层管理人员才是创造财富的关键。管理的发展推动着技术的发展。

本书介绍了能够帮助管理者提升管理效率的21种关键理念。可能你会想，为什么管理如此重要呢？在这些年的研究中，我阅读了数百本书，获得了商学院的学位，也担任过1000多家大公司的管理专家、培训师和顾问。我每年与数百名，甚至数千名管理者一起工作，与出色的管理者合作过，也与差劲的管理者合作过。如你所料，我发现在一个公司中，20%的管理者所做的贡献可以达到该公司总工作成果的80%，这意味着另外80%的管理者仅能为公司贡献20%的工作成果。

我写本书的目的是向管理者介绍使用哪些技

巧、工具、方法和想法能够让他们跻身前20%的管理者行列。此外,如果你已经进入前20%(如果你正在读本书,就表明你已经跻身此列),那么你会学习到如何进入前5%,甚至是前1%的管理者行列。

不精确的科学

管理是一门不精确的科学。到目前为止,我已经创办、建立、管理和挽救了30多家公司,因此我可以很确定地告诉你:"管理公司没有固定的答案,也没有永远正确的答案。"因此,管理成功的关键就是不断学习和实践。

文斯·隆巴迪(Vince Lombardi)在接手绿湾

包装工队（Green Bay Packers）❶ 时曾被问道："你打算如何改变这支球队的运作方式？会引入一些新的战术和想法吗？"

他说："不，我们只会夯实自己的基本功。"

依我看，想要取得管理成功，80%依靠反复练习基础的管理技能，而这只需要通过20%的管理活动来完成。在本书中，你将学到或重温如何用20%的管理技能大幅度提升自己的管理能力。

如果你采用与其他成功管理者相同的方法，几天内你会发现自己在管理岗位上可以取得比过去数

---

❶ 一支位于美国威斯康星州绿湾市的美式橄榄球球队，成立于1919年，是美国国家橄榄球联盟中队史最长的球队。——译者注

周或数月更多的成果。

管理者的定义

在开始之前,让我们先了解一下管理者的定义。管理者是通过与他人合作以及通过他人取得工作成果的人。简言之,管理者是用正确的方式做正确的事的人。

什么是优秀的管理者?优秀的管理者是通过不断地发挥自己的才能、释放他人的潜力,为组织做出更大贡献、自己取得卓越成就的人。

任何组织的实力都取决于其各级管理者的素质。管理者是企业大军的"军官团"。他们做什么以及做得怎样是决定企业成功的关键。

研究表明，普通员工只发挥了自己50%的工作能力，有时甚至只有40%或30%。优秀的管理者需要创造一种工作环境，能够使普通员工发挥60%、70%、80%、90%，甚至是接近100%的工作能力，并为组织做出巨大的而不是一般的贡献。

下面，本书将为你介绍成为优秀管理者的21条关键理念。

目录
CONTENTS

第一章　管理效率的关键问题　　　　　　　/ 001

第二章　专注于关键结果领域　　　　　　　/ 004

第三章　设定绩效标准　　　　　　　　　　/ 013

第四章　集中力量　　　　　　　　　　　　/ 020

第五章　七大管理职能　　　　　　　　　　/ 027

第六章　目标管理　　　　　　　　　　　　/ 038

第七章　例外管理　　　　　　　　　　　　/ 045

第八章　有效地委派任务　　　　　　　　　/ 049

第九章　培养顶尖员工　　　　　　　　　　/ 057

第十章　提高工作效率的七种方法　　　　　/ 065

第十一章　知人善任　　　　　　　　　　　/ 074

第十二章　解聘不称职的员工　　　　　　　/ 083

第十三章　有效地组织会议　　　　　　　　/ 092

第十四章	培养团队精神	/101
第十五章	做出正确的决定	/111
第十六章	清除障碍	/118
第十七章	为员工树立榜样	/124
第十八章	集体讨论出解决方案	/129
第十九章	像专业人士一样进行谈判	/136
第二十章	清晰的沟通	/143
第二十一章	成就个人卓越	/151
第二十二章	总　结	/155

第一章
管理效率的关键问题

管理者提升效率的出发点，就是需要一遍又一遍地提出并回答正确的问题。回答这些问题能够帮助其将注意力集中到关键的事情上。优秀的管理者对重要问题的答案了如指掌。

管理效率的关键问题主要包括以下几个：

（1）老板为什么付你工资？优秀的管理者都是极端的结果导向者，绝不是以过程或活动为导向的。他们始终专注于自己被聘用所需要产出的工作成果，也就是说知道自己被聘用是来完成什么工作的。

（2）你能够为公司做出什么独特的贡献？什么事情只有你能做，并且做好了会对公司产生真正的积极影响？

（3）你想做什么？如何做？你要分析自己的工作，反思自己为什么要做这些任务而不是做其他的任务。大多数人将其80%的工作时间花在80%的工作上，但这些工作可能仅占其工作总价值的20%。表现最出色的管理者总是专注于完成那些做得特别好就能够产生真正影响的工作任务。

（4）你的假设是什么？你必须质疑自己的假设，并思考如果自己的假设是错误的怎么办，以及接下来要做什么。

（5）是否有更好的方法？无论你目前正在做什么，都有许多更好的方法可以实现相同的目标。你

第一章
管理效率的关键问题

要解放自己的思想。

不断自问这些问题会加深管理者的理解力,扩大管理者的理解范围,为管理者带来如何提高效率的答案、想法和见解,也会让管理者在短期内为组织做出更有价值的贡献。

第二章
专注于关键结果领域

关键结果领域是一个人能够贡献最高价值的领域。在管理绩效领域,专注于关键结果领域是提高效率、获得未来和成功的关键。

一般而言,管理者有七大关键结果领域。无论处于什么职位,每一项都很重要,但在某个特定的时间里,其中某一项可能比其他六项更为重要。随着情况的变化,某一关键结果领域的重要性会日渐突出,而另一个的重要性则会逐渐下降。但是,如果管理者想在各个关键结果领域都有所提升并做到

第二章 专注于关键结果领域

最好,首先需要知道自己的关键结果领域是什么。

🤝 三个客户

客户需求是管理者的首要关键结果领域,因此客户可以被定义为"依赖你并且你也需要依赖他们才能取得事业上成功的人"。

事实证明,每位管理者要想成功,都需要服务好三个客户。当然,第一个客户是自己的老板。管理者必须以老板要求的形式将所需的东西提供给他。只要能够让老板开心,就能保住自己的工作机会,未来的发展也会得到保证。

第二个客户是外部客户,是指使用自己产品或服务的客户,既可以是市场中的外部客户,也可以

是公司的另一个部门。管理者必须让该类客户满意才能证明自己的工作做得好。

第三个客户是自己的员工。管理者要让他们开心并使他们专注于如何最有价值地使用自己的时间，这对于充分发挥每位员工的作用至关重要。

收益与损失

管理者的第二大关键结果领域是经济。所有公司的成功都是由经济决定的。管理者一直在努力增加收入和降低成本，需要不断地衡量投入成本与产出价值之间的关系。

经济学总是提到"最大化"这个概念。对于任何工作过程中投入的金钱、时间、精力和情感，管

第二章 专注于关键结果领域

理者都需要不断努力地从中获取尽可能多的回报。

😊 注重质量

管理者的第三大关键结果领域是质量。工作质量在很大程度上决定了管理者未来事业的成败。

作为一名管理者,你要为自己的职责范围设定标准,尤其是为产品和服务以及自己的工作设定标准。因此,你必须强调质量、讨论质量,并不断鼓励员工思考如何为内部和外部客户提高服务质量。

😊 事半功倍

管理者的第四大关键结果领域是生产力。最成

功的公司能够合理、有效地利用自己的资源,因此他们的单位投入所对应的产出要高于竞争对手。此外,这类公司也一直在寻找更好、更快或更经济的方法。

专注于提高生产力需要明确的目标、计划、必要的活动清单,以及一直专注于用更少的时间完成更多重要的任务。

创新与创意

管理者的第五大关键结果领域是创新——开发新产品、新服务和新的商业模式,以满足在竞争激烈的市场中客户不断增长的需求。

创新要求管理者在公司内部创建一种鼓励员工

第二章
专注于关键结果领域

创新、提出想法的文化。这些新想法包括更好的工作方法、新的业务模式、新产品、新服务，以及业务运营的新方法和新流程。一位高级管理者曾写道："我们唯一的可持续竞争优势是比竞争对手更快地学习和运用新思想的能力。"

能够证明创新力量的绝佳例子就是苹果公司（Apple）与三星公司（Samsung）正在进行的智能手机大战。苹果公司在2007年发布iPhone时，迅速革新了整个手机市场。一年之内，苹果售出了数千万部新产品，每部手机的毛利率接近50%。

此时，消费类电子产品和笔记本式计算机制造商三星公司决定将创新和扩展的重点领域转向智能手机市场。当苹果公司决定每12~18个月推出一款新的iPhone时，三星公司决定每年发布3~5款新的

智能手机。

不到5年的时间,在2013年,iPhone的全球市场份额从50%降至12.9%。而此时由于创新和新产品供应速度之快,"市场新手"三星手机已经占据全球智能手机市场份额的69%。

培养员工

管理者的第六大关键领域是员工成长和培训。管理者需要花费多少时间和金钱才能够培训和培养出公司能够依赖的员工呢?

根据美国人才发展协会(Association for Talent Development,即原美国培训与发展协会,American Society for Training and Development)的统计,

第二章
专注于关键结果领域

就增长和利润而言，排名前20%的公司将公司总收入的3%或更多用于为给其创造这些收入的员工提供培训。

《人力资源主管》（Human Resource Executive）杂志上的一篇文章指出，员工培训的收益非常高，如果公司在员工培训上每花费1美元，就能得到10~32美元的回报，那么这些能大幅提升员工的工作水平。

组织发展

管理者的第七大关键结果领域是组织发展。这需要他们思考如何能够营造积极和谐的组织氛围，能够使员工开心，激励员工以最好的状态全身心地

投入到工作当中。

管理者应该不断地反问自己:如何才能在七个关键结果领域中的各个方面——客户需求、经济、质量、生产力、创新、培养员工、组织发展——都有所进步?哪20%的活动能够贡献80%的工作成果?哪20%的问题导致自己80%的压力或表现欠佳?需要完成哪20%的任务,才能使自己获得所在领域80%的机会?

优秀的管理者要有清晰的思维,并不断地将精力集中在自己的关键结果领域。

第三章
设定绩效标准

管理者一旦确定了自己的关键结果领域，下一步就是为各个关键结果领域设定绩效标准。正如尤吉·贝拉（Yogi Berra）所说："人无法完成自己看不见的目标。"

为了使自己成为最好的管理者，你必须为自己职责范围内的每项工作和每项职能设定绩效标准，甚至是卓越表现的相关标准。员工需要准确地知道你的期望是什么以及质量标准是什么。

这些标准必须是具体的、可测评的、有时间限

制的。请记住"所测即所得"。

当安排员工完成某项工作时,管理者必须告诉员工自己期望的完成日期以及将如何精准地测评该任务的完成情况。

近年来,管理行业最大的飞跃是"基于测量的管理"这一概念。也就是说,管理者要为公司各个方面的任务设定具体的数字、基准和标准,甚至包括接听电话前电话铃要响多少次。

霍桑效应

心理学中有一个名词叫霍桑效应,其源自1924—1933年在美国西部电气公司(Western Electric Company)的霍桑工厂进行的有关劳动生产率的开创性

第三章
设定绩效标准

研究。研究发现，当员工清楚某个特定的数字或目标时，他们会不断地和目标数字做比较，有意识和无意识地提高他们在该领域的表现。由此可知，员工持续取得进步的过程从管理者为员工和自己设定明确的数字目标开始。

在公司中，达到绩效标准必须是获得奖励的唯一基础。顶级公司的奖励往往给予那些获得优秀绩效、表现卓越、销售额增加和获得其他可衡量成就的员工。奖励的原因只能是绩效和成果。

麦可·勒巴夫（Michael LeBoeuf）在他的经典著作《世界上最伟大的管理原则》（*The Greatest Management Principle in the World*）中说过："奖励什么，什么就能完成。"因此，管理者在工作中必须不断问自己的关键问题是："奖励是什么？"

身为管理者，你奖励的是自己想要或要求的绩

效吗?每当看到组织或部门的绩效低于标准时,你就会发现错误的事情正在得到奖励。

激励倒错[1]

在我工作过的一家公司里,电话推销人员每说服一位潜在客户参加公司组织的现场销售活动,就会获得相应的奖励或奖金。这样的薪酬机制确保每个月都会有数百位潜在客户参加大型的现场销售活动。然而,真正购买公司服务的潜在客户少之又少,管理者发现他们正在奖励错误的事情。

---

[1] 指在心理学中的一种对负面举动或行为给予奖励的现象。——译者注

第三章
设定绩效标准

随后,这一薪酬机制就被更改为基本工资加销售佣金的模式,只有电话推销人员邀请来的潜在客户购买产品,电话推销人员才可获得一定的销售佣金。为了响应新的激励措施,电话推销人员变得更加谨慎,只邀请有能力成为直接客户的潜在客户参加销售活动。这样一来,公司的业绩马上翻了一番,接下来的几个月内又翻了一番。

检查预期成果

一旦设定了绩效标准,管理者就应当及时检查工作是否达到了这个标准。当管理者分配任务以及设定绩效标准时,还应定期与员工进行核查,以确保工作按计划完成并达到了先前商定的标准。

当员工知道领导十分看重设定的标准,并会定期检查他们的工作以确保其达到标准时,他们会更加意识到自己工作的重要性。反之,如果领导分配完工作后就去忙其他事情,让员工独自完成,从不进行评估或反馈,就是一种非常错误的做法。

委派工作不是放任自流。即使管理者已将工作分配给员工,仍需要确保工作能够成功完成。当管理者定期检查员工完成工作的情况时,员工才会意识到管理者认为这项工作足够重要,他们才会努力工作,达到双方商定的标准。

清晰度至关重要

在工作和生活中,清晰度是与成功相关的重要

第三章
设定绩效标准

的词语之一。在一项对数千名员工进行的调查中,当被问及他们遇到过的最好的老板的特点时,接受调查的员工普遍认为最好的老板是"我一直都知道他希望我做什么"。

管理者必须清楚关键结果领域和绩效标准,否则自己和员工都将无法取得较好的表现。如果管理者不能出色地完成工作,也就无法获得认可和晋升的机会,更无法脱颖而出。对于管理者,除非员工确切地知道他们的关键结果领域和绩效标准,以及如何对其进行测评,否则他们无法取得良好的表现。

管理者可以为员工做的最善良的事情是帮助他们完全弄清自己需要他们做什么以及达到什么绩效标准。当员工清楚自己要达到的目标时,其产出的产品的质量和数量往往会让管理者感到惊讶。

第四章
集中力量

沃伦·巴菲特（Warren Buffett）、小比尔·盖茨（Bill Gates Jr.）和老比尔·盖茨（Bill Gates Sr.）在参加某场社交活动一起聊天时，一位高级管理者向他们提问："诸位先生认为在商业上取得成功应具备的最重要的素质是什么？"

据与会者说，这三位非常成功的商人不约而同地回答："集中精力！"

无论是电话、邮件、短信、互联网，还是周围的人，无时无刻不在分散着我们的注意力。我们生

第四章
集中力量

活在一个每时每刻都会有东西分散注意力的世界中，因此专心致志的能力对于我们的成功至关重要。实际上，人生中所有真正的成功都来自培养自己将时间、注意力和才华集中在少数几项任务上的能力，这些都可能对工作的成功产生重大影响。这是定义关键结果领域和设定绩效标准的真正目的。

所有的时间管理都可以总结为一个问题的答案："目前，我该如何最有价值地利用自己的时间？"时间管理的最佳定义也许是"设定事件顺序的能力"。有能力按顺序安排事件，清楚地知道自己首先要做什么，其次做什么以及根本不需要做什么，这是管理者使自己和员工的工作效率提高 2~3 倍的关键。

三原则

经过 30 多年有关时间管理的研究和教学,我发现了一个有可能改变生活和职业生涯的强大原则,即三原则。三原则指的是,无论你在一个月内需要完成多少任务,只有三个任务和活动能够产生占你对公司贡献总价值 90% 的贡献。

从这个意义上说,"贡献"一词是决定管理者事业成败的重要因素。你对实现公司整体目标的贡献越大,就会越有价值、越重要。

三大神奇问题

管理者如何确定自己的三大任务呢?方法很简

第四章
集中力量

单,问自己以下三大神奇问题。

(1)如果我一整天只能完成一项任务,那么哪一项任务能为我的业务贡献最大的价值?你可以列出自己当天要完成的任务清单,然后仔细观察此清单。你需要完成的贡献最大的这一项任务可能会突然映入眼帘,那么立刻圈出这项任务。

(2)如果我一整天只能完成两项任务,那么对我的业务贡献非常大的任务(即第二项任务)是什么?通常,你也能快速地找到这项任务。但是,你往往需要与多个不同的任务进行对比,以确保该任务就是第二重要的任务。一般情况下这并不困难。

(3)如果我一整天只能完成三项任务,那么对我的业务贡献较大的任务(即第三项任务)是什么?我已经与成千上万位高级管理者和企业老板做过这

项练习。在任何情况下,他们无一例外地在一两分钟之内就能清楚地知道自己可以做(或者应该做)的三项重要的任务是什么,这三项任务将为他们自己和其业务贡献最大的价值。

三原则表明,除了这三大任务之外,其他所有任务都属于10%的类别,即价值不高或没有价值的任务。大部分管理者工作失误的主要原因是,将太多的时间花在处理太多对自己或业务价值较低,甚至根本没有价值的任务上。这些任务不会对自己和业务有任何的贡献。

❖ 定义员工的三大任务

管理者一旦清楚地知道如何最有价值地利用自

第四章 集中力量

己的时间，就应该帮助自己的所有员工确定他们的三大任务，也就是帮他们弄清楚一天应该专注于完成哪三项贡献大的任务，才能够提升整个部门或公司的工作效率。

管理者对员工最大的作用就是鼓励他们自己回答这个问题。只有当员工知道自己要完成的最重要的任务是什么，才能取得绝佳的表现。只有当他们及时地完成关键任务，才能做出自己的最大贡献、获得更高的报酬、得到更快的晋升。

取得最佳表现的三大关键词是清晰度、集中精力和专注。一旦确定了能够完成的最重要的任务，下一步就是专注于这一任务，直到100%完成。

完成任务是工作和生活成功的关键，完成重要的任务更是至关重要的。比起其他任何活动，完成最

管理
MANAGEMENT

重要的任务才能使管理者踏入职业发展的"快车道"。[您可以在我的《时间管理》(Time Management)一书中获取更多有关提高生产力、表现和产出的建议。]

第五章
七大管理职能

管理者能否明确管理的几个重要职能决定了其工作的成败。"生命机能"一词来自医学和身体健康领域,也可以看作一种创新的有效的审视自己职业生涯的方法。

假设你去看医生并且做了一次全面的身体检查。医生告诉你,你有一系列潜在的健康问题,比如超重、高血压,并且这些问题源于不健康的饮食,以及养成的不良的健康习惯。

如果你想更加健康,就必须对这些影响健康的

生命机能领域做出调整和改变。生命机能包括心率、温度、血压、脑波活动、呼吸频率和其他生理指标。每一项指标都是对生或死的临床定义。如果缺乏任意一项生命体征，那么在临床上的判定就是已经死亡。

了解了这些信息后，你需要下决心改变自己的健康习惯。首先，下决心每天散步30分钟，换句说法，一周大约散步3.5小时，这样能够使你保持极佳的健康状态。但是，当你开始每天散步30分钟以减轻体重时，你的心率、血压甚至脑电波活动会如何变化呢？

答案是：如果你在一个方面取得了进步，其他方面也会有所进步。

管理也是一样的道理。当管理者在管理的任何

第五章
七大管理职能

一项重要职能上取得进步时,这种进步也能让其他领域有所进步。通过集中精力提高某一项管理技能水平,能够同时改善整体的管理技能。

实际上,这会产生倍数效应,能够快速而全面地提升管理者的技能水平和对公司的贡献价值。

在管理中,如果管理者希望能够出色地完成工作,则必须在以下七个领域的各个方面都达到足够的水平。缺少其中的任何一项,都可能导致管理工作的失职。

制订计划

第一个重要职能是制订计划。这是一项关键管理技能,指的是管理者能够预先仔细地计划想要或

需要完成的所有任务。相较于毫无计划的管理者，善于制订计划的管理者能够完成更多的工作。

想要获得管理上的成功，管理者必须"在纸上构思"，即首先在纸上写下目标，确保自己完全清楚要实现哪些目标。然后，管理者要列出要实现这些目标的必要步骤，并把这些步骤按时间顺序列出来，创建一个自己可以一步一步遵循的步骤清单或蓝图。

管理者对自己的目标和计划了解得越清晰，就可以越快地开始工作，也能更好地完成工作。

组织有序

第二个重要职能是组织。制订计划后，管理者需要集合实现计划所需要的人员、资金、资源和

第五章
七大管理职能

设施。

优秀的管理者都擅长计划和组织。所以，他们可以召集并协调大量人员完成极其复杂的任务。

在1984年的美国洛杉矶夏季奥运会和2002年的美国盐湖城冬季奥运会举办之前，奥林匹克委员会都曾陷入混乱，两个城市都面临着因为承办奥运会而遭受巨大的经济损失风险。随后，洛杉矶夏季奥运会组委会（以下简称"奥组委"）聘请了美国职业棒球联盟的总管彼得·尤伯罗斯（Peter Ueberroth）担任奥组委主席，而威拉德·米特·罗姆尼（Willard Mitt Romney，2012年美国共和党的总统候选人）则加入了盐湖城冬季奥运会的组委会。

两位才华横溢的管理者加入后立即着手制订工作计划，组织和协调各个地区的成千上万的人，处

理数千个细节,成功地把两届奥运会从经济亏损风险中拯救了出来。由于这两个人的计划和组织技巧,从参与者和观众的角度来看,这两届奥运会都从预期的巨额亏损转为高额的利润和巨大的成功。

再次强调,能否"在纸上构思"是组织好坏的关键。和执行计划的关键人物讨论具体的实施步骤。在采取行动之前,花费越多的时间进行计划和组织,就越有可能成功。

寻找最佳人选

第三个重要职能是聘用,即人员的编制和招聘。管理者选择合适的人帮助自己实现既定目标的能力的高低,是其管理成败的关键。在许多情况下,一

第五章
七大管理职能

个关键岗位上任用了能力不足或不称职的人可能会导致公司的失败。财经媒体经常发表由于高管做出了错误的决定，导致大公司几乎破产的文章。

要做出最有价值的贡献，管理者需要面试、聘用最优秀的员工来完成工作。同时，管理者也必须解聘没有能力出色完成工作、无法帮助自己完成目标的员工。

🤝 学习委派工作

第四个重要职能是向员工委派工作。这是管理者需要学习的一项基本技能，它可以最大限度地提高部门或公司的生产力并能够激励员工做出最大的贡献。

掌握工作进度

第五个重要职能是监督。监督的作用是管理者要让员工完全清楚自己希望他们做什么,以及达到什么绩效标准。此外,管理者要定期检查,确保工作按计划完成并达到了先前商定的标准。

当员工知道管理者足够重视这项工作,会定期检查进度时,他们更有可能按计划出色地完成工作。

保证员工和老板的有效沟通

第六个重要职能是沟通。无论是在工作顺利时,还是遇到问题或困难时,对于管理者而言至关重要的一点是要让自己周围的人都知道发生了什么事,

第五章
七大管理职能

无论事情是好是坏。

管理者要确保自己与老板之间的沟通清晰且一致。建立一对一、面对面的例会形式,让老板可以充分了解工作内容和进度。

管理者与同辈和同事的沟通也很重要,虽然无法管控这些人,但他们需要知道你在做什么,以便把他们的工作做到可以接受的高标准。

最后,与员工一起实行开放式管理。告诉自己的员工正在发生的一切:好的、坏的和丑陋的。每年进行的"卓越职场"的访谈和研究表明,只有当员工清楚哪些是影响他们的工作和公司的事情时,他们才会成为出色的员工。

管 理
MANAGEMENT

📊 评测工作成果

第七个重要职能是评测工作成果。在这个阶段，管理者要为自己想要完成的任务设定清晰的标准。这样一来，所有的员工都能清楚地知道如何评测自己的表现。

你一定听过这样一句话："无法评测，就无法管理。"因此，身为管理者，你要强迫自己和员工为每项任务设定一个数字标准。通常情况下所有的商业活动都可以用财务数据进行评测。即便不是财务数据，也可以通过其他数字进行评测。因此，管理者的工作是帮助员工选择正确的数据来评测特定领域的工作绩效，重点评测其工作成果是否达到或超过该数据标准。

第五章 七大管理职能

因此，管理者从今天起就下定决心提升自己的七大管理职能，即计划、组织、聘用、委派、监督、沟通和评测，并不断持续提升各项重要职能。

第六章
目标管理

知人善任、目标管理（Management by Objective，简称 MBO）是非常重要的管理方式，可以帮助管理者显著提高管理效力、产出，以及更好地培养员工。大多数管理者不使用目标管理，即便使用，方式也不正确、不恰当。

目标管理适用于管理称职的员工。这些员工已证明他们有能力将工作完成到可接受的质量水平。当管理者需要完成某项工作时，可以将其委派给一位自己认为有能力以出色的方式完成的员工。这项

第六章 目标管理

工作可以是达到一定的销售额、启动并完成某个项目,也可以是改革整个部门或公司。因此,管理者要将这一任务完整地分配给在过去已经证明其有能力完成这类工作的员工。

请记住,成功完成任务是进入商业"快车道"的关键。计划、组织和以可接受的水平完成一项任务或一个项目的能力是管理者在职业生涯中需要培养的最重要的技能。

清晰的目标是关键

清晰的目标是目标管理的关键。管理者一旦选定了委派工作的具体人员,就要与该员工商定好工作的具体目标以及如何评测工作成果。这一过程需

管理 MANAGEMENT

要反复地进行大量的讨论,直到双方都清楚要完成的任务是什么,并就如何评测任务成果达成共识。

几年前,我的老板要我接管一个房地产开发项目,该项目位于距离公司总部约300英里(1英里=1609.344米)的小镇边缘。我非常渴望参与这项工作而且又有野心,因此立刻接受了。

第二天,我飞往距离该项目最近的大城市,然后开车前往那个小镇检查了公司购买的地产项目。到达后我发现,这块地在被开发成一块块可出售的地块之前,毫无价值可言。我意识到这就是我需要完成的工作,即使我以前从未做过相关的工作。

虽然我的老板是一位出色的商人,但只是看了房地产销售展示的开发图后就购买了该地块。当他把任务交给我,让我把这块土地变为能够营收的金

第六章
目标管理

融资产前,他从未到过这个小镇考察过这个地块。

当时,我是一个求知欲很强的学生。为了出色地完成这个任务,我向很多人咨询过相关的问题,做笔记、比较笔记。我还聘请了专业工程师,他们给了我很好的建议,并向我介绍了其他相关领域的专家。后来,在18个月内,我就完成了该地产的开发计划。该地块将会被不同的街道划分出335个房屋、一个工业园区和一个商业购物中心。

有了这些计划,我与小镇议会合作,并获得了批准,聘请一家工程公司完成所有地下公用管道设施和道路的修建。随后,将地面上的所有地块卖给了开发商,由他们完成居民区、工业园区和零售购物中心的建设。

管 理 MANAGEMENT

🐂 带着明确的目标去管理

这个故事有趣的部分是,除了我学到的东西和为公司赚取的超过 300 万美元的利润,我的老板从未考察过该项目。他全权委托我独自处理完成该项目所需处理的数百个细节。他是采用目标管理的大师。

一旦双方针对所要完成的任务达成共识,就意味着接下来要商定绩效评测的方式和标准以及完成工作的进度表。如果有了新信息,则可以讨论、协商甚至更改具体的详细信息。

🐂 随时提供帮助

目标管理的下一环节是随时为执行任务的员工

第六章
目标管理

提供帮助。管理者要让员工明白，他可以全权负责分配给他的任务，如果需要任何帮助，管理者随时乐于提供。

让该员工自由去完成这项工作。一旦双方就项目的最终结果或最终目标达成共识，请允许员工用自己的想法、方法和技巧来实现目标。即使管理者认为自己会采取或者可以采取不同的方式，也要给员工最大的自由，以便其在推进项目的过程中找到创造性的方法来应对"实际情况"。管理者不要拒绝提供自己的想法和建议，但要让被指派工作的员工最终决定如何完成这项工作。

最后，按照预先安排的计划每周一次、每两周一次，甚至每月一次审查项目的进度。分配的任务越重要，就越有必要定期检查以确保其按计划和预算进行。

管理 MANAGEMENT

🔹 增加投入

目标管理是指将重要工作和职责委派给经验丰富的员工，这也是能够实现产出翻倍的有效途径。将项目全权委派给员工完成，也是提升员工自身能力和信心的有效方法之一。所有成功的高管都已练就了出色的目标管理技能，因为目标管理使他们能够比普通管理者完成更多的工作。

第七章
例外管理

例外管理（Management by Exception，简称MBE）是节省时间和培养员工的绝佳方式。例外管理是指，一旦管理者分配了某项任务，并且该任务是清晰明确、可以评测、有时间限制的，就可以告诉执行任务的员工："只有当出现与我们所商定的内容有变化的情况时，再来找我"。关于例外管理，有句老话是这么说的："没有消息就是最好的消息。"如果没有收到员工的任何消息，那么管理者可以放心地认为一切都很好，任务正在按计划进行。

管理 MANAGEMENT

例外管理也可以应用于其他领域。例如，当我与某人通电话时，如果发现他不确定能否在某个特定的时间会面，我会说："让我们暂且定在星期四下午三点见面或通话。如果其间发生了特殊的事情，这个时间您不方便见面或通话，烦请您提前联系我，我们可以换个彼此都方便的时间再见面或通话。如果我没有收到您的信息，我们将按约定进行。"

这种做法给双方都提供了最大的自由，也使管理者摆脱"电话捉迷藏"的困扰，无须与他人持续保持沟通，还能够显示出管理者对员工完成工作的能力充满高度信任。

第七章 例外管理

自由与责任

在商界,自由和责任是两大最有效的激励因素。员工都希望在执行任务和完成工作时享有最大的自由。与此同时,让员工完全负责完成某项任务也可以提高他们的自尊心和自信心。两者相辅相成。

作为管理者,你可以计算一下,在没有自己直接监督和参与的情况下,是否可以通过增加参与任务的人数来成倍地提升自己的工作效率。你要始终通过目标管理或例外管理,或者同时使用这两种管理方法探寻委派任务的方法。

在无须管理者直接监督或参与的情况下,员工可以完成的工作越多,管理者能完成的工作就越

多。同时，管理者会有更多时间执行只有自己才能完成的任务，这些任务对于管理者的成败至关重要。

第八章
有效地委派任务

管理者能够有效委派任务的能力是管理的一项重要职能（如本书第五章所述），也是其能否成为一名成功高级管理者的关键因素。委派任务既是一门艺术，也是一门科学。管理者要从完成任务转变为控制任务，因此委派任务的能力是一项必不可少的技能。通过委派任务，管理者可以释放和利用员工的全部潜力，以此来扩大自己在企业中的影响。

在委派任务之前，管理者首先要做的就是对需要完成的工作有绝对清晰的认识。任务的具体内容

是什么？如何评测任务的成果？什么时间需要完成任务？若想出色地完成此任务，员工需要具备什么水平的技能、能力和专长？

任用合适的员工

选择合适的员工来完成某项特定的任务是委派任务的重要环节。管理者需要仔细将员工的技能和适合的任务相匹配。这位员工是否可以完成这项任务？他是否具有能够出色完成此任务所需的技能和经验？

这个决定很大程度上取决于管理者的判断力、经验和智慧。管理者在委派任务时常常会犯的重大错误就是将任务分配给没有技能、没有信心、没有

第八章 有效地委派任务

能力或动力的员工。

因此,管理者选择的员工将在很大程度上决定最终工作成果的质量,甚至决定所分配任务的成败。

阐明期待的工作结果

管理者委派任务时,请说明自己期待的结果,并说明为什么自己有这样的期待。分配任务时,管理者让员工知道"为什么"比知道"如何做"更重要。如果员工知道管理者为什么希望以这样的方式完成此任务或者此项任务为什么很重要,那么他们在完成任务时做出的决策会更具灵活性,完成此项任务所获得的结果也会更具创造力和创新性。

避免误解

如果管理者只是口头上而不是用书面的形式委派任务,会极有可能产生误解。当员工回到办公室或办公桌前时,他们很可能已经忘记管理者要求他们完成的任务,以及具体的时间和标准。因此,管理者要让员工写下并复述出任务的内容、完成时间和标准。

当管理者和员工针对任务的内容经过反复对话,并且员工已将其要做的事情准确地重复后,这就表明双方都对工作的内容非常清楚。这样一来,管理者就可以将完成任务的责任完全交给这位员工。

第八章
有效地委派任务

😊 委派整个任务

　　另外,管理者要委派的是完整的任务,而不仅仅是其中的一部分。你所委派的工作必须由个人负责任,并且该员工对此具有完全的掌控权。执行该任务的员工,除了需要你的帮助和支持,无须获得其他任何人的帮助或支持。

　　员工很乐于承担完成任务的责任。当管理者将任务完全委派给员工,并让他们全权负责时,他们就会更有动力地按时完成工作。

😊 不要干涉或收回任务

　　管理者切勿时时刻刻观察员工的工作进度,也

不要不断地针对如何更好地完成工作提出自己的想法和意见，更不要插手。当管理者将工作委派给员工后，就要完全相信他们有能力按照约定完成。

此外，管理者也不要收回委派出去的任务。如果员工在执行被分配的任务时问你是否愿意帮他打个电话、给他提供一些信息，或者替他执行某些任务，那么他就是在将任务转交给你。这样一来，他在你完成这些任务之前不需要做任何事情。他可以回到办公室玩电脑游戏，直到你完成承诺帮他完成的任务为止。切记一定不要让这种事情发生。

定期检查进度

最后，管理者应该定期安排会议检查任务的进

第八章
有效地委派任务

度。这就是说,只有在例会期间,管理者才有机会掌握任务的完成进度。就像医生在为病人把脉一样,管理者通过定期询问员工"进展如何"来掌握任务的进度。

安排定期检查会议的主要目的是了解员工完成被分配的任务的情况,以及该任务是否适合交由该员工完成。有时,管理者可能会意外地委派一个超出员工能力的任务,员工想完成,但可能并不知道如何完成。

如果管理者发现分配的任务超出了这些员工的能力并且他们也不知所措时,那么管理者则需要重组任务并将其分解成若干个较小的部分。或者,管理者也可以给员工提供额外的投入或资源,或者让其他员工共同执行一个无法由个人独自完成的部分

任务。完成某项任务可能需要一些技能，但有时，接到任务的人具有完成该任务所必备的一些技能，但缺少了其他某一项技能。在这种情况下，管理者可以将这项任务的部分任务交给在该领域更有能力的员工代为完成。

第九章
培养顶尖员工

管理者的主要职责之一就是为公司建立一支顶尖的员工团队。积极、有进取心和全心投入工作的员工的生产力远高于普通员工。他们可以完成更多、更高质量的工作,并且在所有任务中都极具创造力和创新性。

在高绩效的组织中,员工普遍较为自信且与上级关系融洽。因此,他们工作起来很快乐,自我感觉较为良好。相较于绩效低的组织,这些员工能够完成更多工作,质量也更高。

取得最佳表现的基础是高自尊。自尊指的是"一个人喜欢自己的程度"。一个人越喜欢自己、尊重自己,就越会取得更好的表现,与他人合作得越好,也会变得更有自信、更有能力。

心理学家确定了七种激励员工的因素,管理者可以利用这些激励自己的员工,进而提高他们的自尊和绩效水平。

让员工接受挑战

第一个激励因素是挑战。员工在职场的首要愿望是做有趣、有意义的工作,并且这份工作可以充分发挥其才能。员工也希望参与有挑战性的工作,并能够全身心地投入工作。

第九章 培养顶尖员工

为了满足员工的这种需求,管理者需要给他们委派超出其能力范围的工作,以便他们必须花费大量的时间和精力才能出色地完成。只有当员工努力钻研提升自己,研究如何完成工作时,他们才会认为自己充满活力,感觉自己像赢家。

给员工自由

第二个激励因素是自由(如先前在本书第七章中提到的)。在工作中,员工都喜欢能够拥有最大的自由。管理者要练习给每位员工提供尽可能多的自由,从而实现商定的目标。管理者能否赋予员工这种自由,关键在于其掌握的目标管理和例外管理的技巧以及委派任务的能力。

管理 MANAGEMENT

🤝 尊重员工

建立最高绩效团队的第三个激励因素是尊重。如果员工在意某些人的意见,就会非常希望受到这些人的尊重,尤其是自己的领导。员工需要向领导表达自己的想法、感受和担忧,无论领导是否接受或同意,员工需要感觉到他真正尊重自己的想法。员工越能感觉到领导对他们的尊重,反过来就会越发尊重领导,并越希望出色地完成工作。

🤝 拉近关系

职场领域的第四个激励因素是热情。在如今的职场中,与员工生产力、生产效率有关的重要因素

第九章
培养顶尖员工

之一就是所谓的"关系因素"。

员工喜欢为他认为的关心自己的人工作。因此,当管理者向员工征求意见或判断时,要表达自己的热情。当管理者与员工交谈并向他们询问运动和爱好等非工作相关的问题时,也要表达自己的热情。身为管理者,你可以询问员工的家庭、个人生活和活动、员工的孩子等,以拉近关系。只要你对这些话题表现出真正的兴趣,就表示你真正地在关心他这个人,而不仅仅是在关心公司的员工。

🤝 保持联系

第五个激励因素是控制。与分配完任务后定期检查员工工作进度相比,分配完工作后就置之不理会让员工感到十分泄气。分配任务后,管理者要检查员工的工作完成情况,检查得越频繁,员工越会意识到这项任务的重要性,也会因此认为自己受到重视。

因此,管理者要进行一系列的"非主观性的业绩评价",提出诸如"进展如何"之类的问题,询问员工是否有需要自己帮忙的地方,或者是否需要提供任何资源来帮助其完成工作。这种做法会使员工知道管理者很重视该任务,也能表明管理者不仅关心任务,也关心执行任务的员工。

让员工有成功感

第六个激励因素是介绍成功经验。假如管理者委派了一项员工能够出色完成的工作,当员工完成

第九章 培养顶尖员工

任务后，就拥有了成功的经验，并会感觉自己是赢家。因此，管理者的所言所行都要能够让员工感觉自己像个赢家，这样可以提高员工的自尊心，继而提高他们的整体表现，提高他们对组织贡献的价值。

🤝 期待最佳的表现

第七个激励因素是积极的期待。这是提高员工的自尊心和自信心非常有效的方法。当作为管理者的你表示对员工充满信心时，员工会竭尽所能证明你的信任是正确的。因此，你要不断地向员工表示自己相信他们有能力出色地完成工作。

几年前，我正在开发大型汽车的进口和经销业务，聘请了一位年轻人负责零件部门。我之所以聘

请他,是因为他在以前的公司中已经积累了相关的工作经验。由于与领导发生冲突,他被上一家公司毫不留情地解聘了。这一经历动摇了他的自信心,使他变得害羞且没有安全感。他不断地低估自己的能力,并一直跟我说他经验有限,提醒我:"如您所知,我被上一家公司开除了。"

尽管如此,我一直对他说他有多棒。并且一直告诉他,我相信他有能力成为一名出类拔萃的零件部门的经理。事实证明,在我聘请来帮助我开展业务的所有人员中,他的确是表现最好的。

因此,管理者要明确表示自己相信员工,并明确地告诉他们。即使管理者不太相信,也可以假装一下。如果管理者对员工抱有积极的期望,员工很少会令管理者失望。

第十章
提高工作效率的七种方法

管理者的目标之一就是根据自身的投入提高产出的质量和数量。作为管理者,你可以通过以下七种方式提高自己的工作效率。

一直工作

首先,加倍努力工作。到达单位时,下定决心"一直工作",不要浪费时间。不与同事闲聊、不喝咖啡、不上网、不看报纸,把所有的工作时间都用

来工作。

然而,一些人很懒惰,这也是不言自明的事实。这些人在完成任务时都在努力寻找阻力最小的方法,也会想尽一切办法在一天中尽可能少地做工作。实际上,大部分员工都较为懒惰而且工作效率不高,他们每天50%的所谓"工作时间"都用在了同事之间的闲谈、上网、看报纸、处理个人事务、购物、迟到早退等。

你如果养成"在工作中一直工作"的习惯,努力努力再努力,就可以从同事中脱颖而出。在公司中,为自己树立最努力工作的员工的好形象。没有什么比努力工作的名声更能让领导给予你快速晋升的机会了。

第十章
提高工作效率的七种方法

🤝 加快速度

其次,加快工作的速度。你要加快脚步,养成快节奏工作的习惯。快速行动,好像自己需要在短时间内完成许多任务。

努力工作和快节奏工作都是可以通过练习和重复锻炼养成的习惯。让自己忙碌起来、加快速度工作;一旦开始行动,就要不断前进,切记不要浪费时间。

🤝 延长工作时间

提高工作效率的第三种方法是延长工作时间。虽然每个人平均每周工作 32~40 个小时,而在工作场所中,许多员工通常有一半的时间浪费在非工作活动上。这也就能解释为什么工作效率不高的员工的收入一定会减少。许多员工工作时，通常只选那些有趣而轻松的任务，而不是大型的、有价值的、重要的任务。

作为管理者，你只要遵循任何领域的顶尖人才都在运用的简单公式，就能在短时间将自己的工作效率提高一倍：早点开始工作，更努力一点，更专心一点，避免将时间浪费在非工作活动上，然后坚持一段时间。

设定任务优先级

提高工作效率的第四种方法是划分任务的优先级。你要想完成更多重要的任务，就要在开始工作

第十章
提高工作效率的七种方法

之前先列出任务清单,然后在清单上划分任务的优先级。正如二八定律所示,你所贡献的80%的价值来自所完成的20%的任务。

而且,根据"皆三法则",在工作中,你贡献的90%的价值来自所完成的三项任务或活动。你知道这三项任务或活动是什么吗?如果你一整天只能做三件事,那这些事会是什么?这个问题的答案和另一个问题的答案相同,即"老板为什么给我发工资"。

给自己施加压力

第五种提高工作效率的方法是给自己施加压力。在每个工作日开始时,你都应该问自己这样一个问题:"如果我马上就要出差一个月,在离开前只能完

管 理
MANAGEMENT

成一项任务,这项任务会是什么?"

无论你的答案是什么,在执行其他任务之前,首先要完成这项任务。不要处理电子邮件、喝杯咖啡、看看头条新闻,也不要与同事闲聊,而应该下定决心坚持执行该任务,埋头工作,让自己全身心投入直到100%完成。

如果你每天都能首先完成一项重要的任务,久而久之,就能大大提高自己的工作效率。更重要的是,这样也会使你产生良好的自我感觉,会觉得自己像一个胜利者,一个高效率的人。

发挥团队合作的作用

第六种方法是充分发挥团队合作的作用。一个

第十章
提高工作效率的七种方法

由几个人组成的组织有序的团队所能完成的工作要远远多于大量单打独斗的员工所能完成的工作。因此，你可以将一项重要且复杂的任务分配给几位员工共同完成，让他们能通力协作，以求效率最大化。

你要尽可能地委派、减轻、外包，甚至消除任务，以便自己可以在最短的时间内完成更多最重要的任务。如果其他员工能够完成一项任务的70%，并且和你完成得一样好，就应该将此任务安排或委派出去。团队成员之间的团结协作能够提高整体团队的工作效率。

批处理任务

提高工作效率的第七种方法是批处理任务。一

管理
MANAGEMENT

方面，当需要同时执行多个相似的任务时，你很快就会进入学习曲线❶的下坡段。每个重复性的任务比上一个任务会花费更少的时间。当你批量完成7~10个相似的任务（例如，处理电子邮件、口述信件、撰写报告，或者任何其他重复的任务）后，后续完成每一项任务所需的时间是完成第一个任务的20%。

另一方面，当你开始一项任务后又去执行其他任务，然后再回头完成该任务，没多久又停下来去执行其他的任务，这样一来完成此任务的时间会比所需时间多5倍。若想提高工作效率，你就必须专心致志地把注意力都集中在工作上。

---

❶ 指在一定时间内获得的知识或技能的速率。一般来说，练习或实践的次数越多，所用时间越短。——译者注

第十章
提高工作效率的七种方法

你要把自己想象成一个工厂，需要完成投资、加工流程和产品产出，而其中最重要的就是产品产出环节。因此，当你开始工作时，要下定决心把所有时间都花在具体做工作上。

第十一章
知人善任

管理者能否聘请合适的人帮助自己完成工作,这一因素和其他因素一样能够决定管理者能否成功。如果管理者不能聘用具有适当技能、知识的优秀人才来协助自己,则要亲自完成大量的工作。如果管理者无法通过他人提升自己的工作效率,则永远不会被晋升到肩负更大责任的职位。

丹尼尔·卡尼曼(Daniel Kahneman)在他的畅销书《思考:快与慢》(*Thinking, Fast and Slow*)中解释说,有些活动需要"快思考",即快速

第十一章 知人善任

直接地做出本能的推理,并且需要据此快速地做出决策,比如开车时变换车道。

还有其他一些活动需要"慢思考",要求人要放慢速度、收集信息、仔细思考、缓慢地做出决定。这就是为什么彼得·德鲁克(Peter Drucker)说:"善于快思考的人的决定总是错误的。"

在纸上构思

管理者想要聘用合适的人,必须要在纸上构思,首先要写出对理想人选的要求,包括其应具备的所有特征、素质、经验、技能和才能等,就像去工厂商定定制产品的订单一样。

接下来,管理者要写出需要此人执行的一项或

多项工作的具体内容,并描述工作的预期结果或成果,所写出的工作成果必须是可以测评的。此外,管理者还要描述要实现这样的工作成果需要此人具有哪些知识和技能。最后,描述自己想要聘用的理想人选的性格和个性要求。

管理者一定要完全从自己的角度描述上述的所有特征,下定决心只聘用自己喜欢、尊重、乐意与其相处的人。"喜爱度"是所有人际关系中最关键的因素,因此,管理者也应该将其作为聘用人员的标准之一。

SWAN 公式

SWAN 公式为管理者提供了一个招聘最佳人选

第十一章
知人善任

的四条原则,其中S、W、A、N分别是四个单词的首字母。

S代表"Smart"(聪明)。管理者要寻找聪明、智慧、充满好奇心的人。这类人对自己和工作都能保持积极、乐观的心态,并充满兴趣。

W代表"Work hard"(努力工作)。请记住,一些人都很懒惰,都想寻找一个可以领着工资偷懒的地方。因此,管理者需要寻找的是以努力工作而著称的人。

在面试中,有一个很好的方法可以测试一个人工作的努力程度。管理者可以问面试者:"有时候,为了完成重要的工作,需要在晚上和周末加班。你对此有何看法?"

最佳人选这时会立即说:"如果我得到这份工

管理 MANAGEMENT

作，我会尽一切努力将这些工作做好。"如果应聘者支支吾吾地说自己需要休假，需要享受个人或社交生活，这时候，你就知道如果聘用这个人，他的工作效率一定不高。

第三个字母 A 代表 "Ambitious"（野心）。最好的员工往往是那些将管理者的工作邀约视为将来为他们提供更好的工作的跳板。他们坚信接受这份工作并出色地完成，对他们的职业生涯有所帮助。

SWAN 公式中的最后一个字母 N 代表 "Nice"（亲和力）。管理者要始终聘用具有亲和力的、自己喜欢的员工。虽然这不应该是做出聘用决定的唯一标准，但也应该是非常重要的。事实证明，优秀的员工总能与他人相处融洽，在团队中也能取得更好的表现。在业务活动出现问题或者行情不稳定时，

第十一章
知人善任

这种员工也会更加开朗,比那些消极或持怀疑态度的人更让人快乐。

🌀 皆三法则

"皆三法则"是我经过多年的研究总结出来的一个公式。许多高级管理者说,这个公式从根本上改变了他们公司的招聘流程,并将招聘到合适员工的概率提升至大约 90%。

首先,该法则要求,管理者对于所有职位都应至少面试三名候选人,甚至更多。通过面试这三位候选人,管理者有机会对其进行比较。永远不要聘用自己面试的第一个且唯一一个候选人。而是要广撒网,面试各种类型的应聘者,以便能从人才库中

挑选最可用之人。

其次,管理者需要在三个不同的时间面试自己喜欢的候选人。预定的面试时间可能是第二天或下周,或连续三天。慢慢来,别着急。在第一次面试中表现出色的人或许在第二次面试中表现平平,而在第三次面试中可能会更加糟糕。令人难以置信的是,这种情况经常发生。

再次,管理者需要在三个不同的地点面试自己喜欢的候选人。第一次面试可以安排在自己的办公室里,第二次则可以在会议室的大厅里,第三次面试可以在公司对面的咖啡店。

当候选人置身不同的环境时,他们会展现出管理者在办公室里无法看到的不同个性。请记住,求职者的穿着打扮可能永远不会像第一次面试时那样

第十一章
知人善任

出众。在第二次和第三次面试中,或者在第二次和第三次的面试场所里,最初最吸引人的候选人可能会看起来越来越糟糕。因此,管理者要仔细思考,慢慢做决定(这就是我们所谓的"慢思考"的意思)。

最后,管理者应该安排候选人至少接受部门或公司内另外三个人的面试。切勿只凭借自己的判断为公司招聘员工,在做决定之前,管理者要不断邀请其他人参与并发表意见。

我曾经面试过一个人,他申请我们公司高级管理者的职位。在面试过程中,他给我留下了非常深刻的印象,就在马上要决定聘用他时,我想起了自己的规则。因此,我带他到我的办公室,让他逐一和我团队中的关键成员交谈。这样团队成员就可以问他问题并做出自己的判断。

最终，他们集体来找我，告诉我这个人完全不适合我们公司，绝对不能聘用他。他们在与此人的交谈中，察觉到了我未曾察觉到的缺点和弱点。于是，我立即放弃考虑该候选人。

随着时间的推移，每个行业中优秀的管理者都形成了其可以选择与最优秀的人合作并为之服务的声誉。这是成为一名出色的管理者并充分发挥管理能力的重要一环。

第十二章
解聘不称职的员工

让管理层感觉压力最大的工作是解聘员工,其次便是自己被解聘。但是,如果无法出色地完成解聘员工的工作,那么终究会使自己被解聘。

聘用无能的员工是管理者无能的表现,而继续留任无能的员工则表明管理者更加无能。将错误的员工留任的时间越长,其他的员工便会越觉得管理者无能。这种管理者的上级、同级和下属也都会认为他不称职。留任不称职的员工会使其他员工泄气。他们会认为,如果一个无能的人获得与他们相同的

报酬、权力,努力做好工作又有何用呢?

当然,每位员工都能很快地知道谁称职、谁不称职。在每个办公室里,每个工作人员都彼此清楚各自的能力和水平。不称职的员工无处可逃,也无处可藏。

别太残忍

一旦管理者从心里认定某位员工不会在公司里有所发展,那么他对这个员工所能做的最残忍的事,就是让其继续留在原来的工作岗位上;而最善良的事情是给他们自由,让他们离开公司,找到一份更适合的、有前途、有更多可能性的工作。

为什么许多管理者宁愿冒牺牲自己事业,甚至

第十二章
解聘不称职的员工

是牺牲心理健康的风险，也不愿解聘不称职的员工？答案通常是自欺欺人。管理者认为，留任不称职的员工是在帮助他们。有时，管理者甚至认为不称职的员工会突然改变，彻底逆转成为一名称职的员工。

其实，管理者不解聘不称职员工的真正原因是怯懦。他这样做并不是善良，也不能说明富有同情心，相反地，这是残酷无情。因为他没有做自己该做的事，从而对不称职的员工造成了伤害。

在对被解聘员工的采访中，我们了解到，其中有70%的人是在被解聘前知道自己即将被解聘。他们唯一的问题是，管理者为什么要等这么久才辞退他们。毕竟，一个人很难开除自己。即使有些员工不喜欢这份工作，也知道这份工作不适合自己，更做不好这份工作，在工作中也几乎不能和其他同事

和谐相处,但他们也需要管理者将其从痛苦中解脱出来。

用专业的方式辞退员工

管理者如何解聘不适合某个职位的员工呢?在大多数情况下,一个简单的流程既能够让管理者有效地解聘不称职的员工,又能使其免于诉讼的纷争。

首先,在没有任何商量余地的情况下,管理者决定让某位员工在某个具体日期的特定时间离职。管理者可以对自己说:"我打算在星期五早上十点给这位员工打电话,让他离职。"

然后,管理者可以把这位员工叫到办公室,关上门后请他坐下,(最好是到对方的办公室去,以便

第十二章
解聘不称职的员工

随后可以起身离开。)谨慎地对他说:"我反复地考虑了目前的情况,认为这份工作似乎并不适合你,你也不是这份工作的最佳人选。而且我认为你做其他的工作可能会更开心。"

一旦启动解聘程序,管理者就要杜绝讨论员工过去的表现或者其在工作中所做或未做的任何事情。因为一切都结束了,工作已经结束了。这位员工已经离职,再讨论也没有意义。

练习反复说同样的话

在这种时候,大多数员工会与管理者争论。员工通常会感到惊讶、震惊、伤心,甚至会哭泣、发怒、辱骂等。这对他们来说是一次很难释怀的经历。

但是，无论他们说什么，管理者都要像一座石佛一样完全保持镇定。要耐心而恭敬地倾听，等到对方停止说话后深呼吸，再重复之前所说的话："事实上，这份工作似乎并不适合你，你也不是这份工作的最佳人选。而且我认为你做其他的工作可能会更开心。"

在自信心训练中，这被称为"反复说同样的话"。管理者用一种平淡的语气一遍又一遍地重复相同的信息，直到员工最终放弃争论，接受被解聘的事实。

做好解聘准备

此时，管理者可以解释从现在开始将会发生什么。即便被开除的经历不愉快，管理者也将希望该

第十二章
解聘不称职的员工

员工立即收拾东西离开办公室。在他打包东西时，管理者可以安排其他员工，与他坐在一起，监督并确保他不会损坏公司用品。

遣散费也是安抚人心的好方法。大多数员工尤其是年轻员工，都没有积蓄，当他们被解聘时，通常会惊慌失措："我该怎么吃饭？怎么付房租？"

因此，管理者需要做好准备，提前准备好遣散费。在美国，除了书面合同的规定外，法律没有要求管理者给员工任何形式的离职补偿金。但是按照惯例，员工每工作一年，在被解聘时会多补偿一个星期的工资。不过，至于是多付还是少付，完全取决于管理者自己的判断，也取决于员工在得知自己被解聘后的具体行为和表现。

管 理
MANAGEMENT

😊 安排一位目击证人

最后一点也很重要：如果是男性管理者要解聘一位女员工，请让另外一位女员工一起参加解聘会议；如果是女性管理者要解聘一位男员工，也请安排另外一位男性员工与自己同坐。也就是说，如果管理者有丝毫担心被解聘者有可能借机指控被性骚扰，那么，在进行辞退谈话前，一定要在谈话的会议室或办公室里安排一位异性证人共同参与。这样，管理者可以确保自己免受起诉的困扰。

除此之外，还有许多其他能够有效辞退员工的方法和技巧可供管理者使用。辞退员工也是管理者必须学习和掌握的一项业务技能。这将帮助管理者辞退自己公司中那些可能会拖后腿、阻止公司发展

第十二章
解聘不称职的员工

的不称职的员工。

管理者一定要记住这句话:"解聘一位员工的最佳时机就是当你第一次有此想法的时候。"

第十三章
有效地组织会议

许多管理者将其25%~50%的管理时间花在了会议上。会议是组织生活中不可避免且必不可少的部分，因此必须提高会议的效能。

管理者经常会参与三种类型的会议，分别是：信息共享会，对策讨论会，以及新产品、新服务或新员工的任命会。在参会时，管理者要做到以下几点。

首先，管理者要清楚开会的原因。管理者要有清晰的思维，尽量减少不必要的会议。因为如果安排不当，这可能会浪费大量的时间。

第十三章
有效地组织会议

其次，会议的成本很高。计算会议成本的一个好方法是，用开会时间乘以参加会议的所有人员的时薪，可以得出这些人员暂停工作参加会议的总成本。

在许多情况下，一次会议能让公司损失数百甚至数千美元。如果有人来向管理者申请将同样金额的钱用于某项支出，管理者或许会谨慎小心地审查这笔花费后才会批准。因此，对会议的成本控制也应如此。

🤝 制订会议议程

如果必须要开会，请务必提前拟定会议议程。在制订议程时，管理者可能会发现许多议题只影响某一位员工，打电话或发送电子邮件就能快速解决。

管理者在制订会议议程时，可以参考二八定律：20%的议题会贡献80%的价值。因此，管理者要确保在开会时首先讨论最重要的议题，以防没有足够的时间。

此外，为了有效地召开会议，请务必准时开始、准时结束。帕金森定律（Parkinson's Law）❶表明，只要还有时间，工作就会不断扩展，直到用完所有

---

❶ 官僚主义或官僚主义现象的一种别称，也可称为"官场病""大企业病"。它是指在行政管理中，行政机构会像金字塔一样不断增多，行政人员也不断增多，每个人都很忙，但组织效率越来越低下。——译者注

第十三章
有效地组织会议

的时间。与该定律相反的说法是："工作量会自动减少到占满所有可用的时间。"

如果管理者没有设定明确的会议结束时间，则会议中的对话会一直绕圈子，会议可以持续进行下去，但收效甚微。如果管理者设定了明确的结束时间，会很惊奇地发现会议讨论了如此多的议题。

守时

如果约定好上午十点开始开会，就在十点准时开始。管理者要向员工明确表示，如果十点不到会议室，他们就会错过此次会议。一些高级管理者会在规定的会议开始时间后把会议室的门锁上，不允许迟到的人进入。

另一种好的处理方法就是假设迟到者根本不会出席，也就是说，即便他们不到场会议也如期举行。即使迟到者是自己的领导，为了对会议和参会的其他人负责也要立即开始会议。

此外，仅邀请对会议的议事日程至关重要的人员出席会议。有时，管理者会错误地邀请一些不必要的人出席会议，以使他们感到自己是工作团队的一员。其实没有必要这么做。员工们都非常忙碌，如果管理者不邀请他们参与那些他们无法贡献宝贵价值的会议，也会感激不已。

允许员工提前离会

在召开会议时，管理者要允许员工在非必要时

第十三章
有效地组织会议

提前离会。有时，会议议程中只有一项议题与某位员工有关。在这种情况下，请尽可能立即讨论该议题，然后让该员工提前离开会议返回工作岗位。这样能很好地利用每位员工的时间。

无论讨论和处理议程上的哪项议题，都要形成决议并制订行动决策，分配工作职责并设定截止日期。在讨论下一个议题之前，先总结本议题的各个要点。

多年来，我参加过无数次会议，这些会议都讨论了议程中的议题也做出了决定。但两周后，再次开会时却发现此前讨论的议题依旧没有进展。这是为什么呢？原因就是没有形成决议，也没有制订行动计划，也就是没有将具体的、有时间限制的工作职责落实到个人。

管理 MANAGEMENT

坚持行动导向

我总是喜欢问:"我们下一步的行动是什么?"当所有的与会者都讨论了某个议题后,管理者也可以问他们:"我们下一步的行动是什么?"管理者甚至可以把这个问题写在黑板上,以便每个人都能看到。规定只有在形成某些决议并同意采取某些行动之后,这一议题才能通过。

会议结束时,管理者要总结会议成果。重申每个人的工作职责、完成时间、成果评测标准等,然后感谢大家参与会议。管理者如果能够让会议简短、高效、切中要害,员工就会渴望参加会议并做出他们最有价值的贡献。

我在举行每周的员工例会时,也会在议程中注

第十三章
有效地组织会议

明出席者的姓名。我们围坐在桌子旁，让每位员工汇报自己在做什么，面临什么挑战以及未来一周的计划。当一个员工在汇报时，所有的听众都可以提出问题以便更清楚地了解。在会议结束之前，所有员工都知道彼此在做什么，表现出了高度的合作精神。

避免垄断话语权

通常情况下，会议的主持人或管理者会掌握讨论的话语权。为了防止这种情况的发生，一个好方法是管理者可以安排员工轮流担任会议的主持人。当管理者告诉某位员工将由他主持会议时，员工的智慧和准备的充分程度可能会令管理者惊喜。

管 理

MANAGEMENT

然后，管理者只需像其他员工一样参与其中，并惊讶于这种转变带来的差异。请记住，有效组织会议的能力是一项至关重要的管理技能。会议会消耗大量的管理时间，因此，为了自己和公司，管理者要能够出色地从会议中的每一分钟中获取最大的价值。

第十四章
培养团队精神

团队建设也是管理者提升管理效率的一项基本技能。有能力组建一个高效团队是管理者升职的关键条件，也是公司在寻找高潜力管理者时最看重的素质之一。因此，组建一个出色团队的能力对于管理者的成功至关重要。

美国斯坦福大学商学院曾进行过一项为期 30 年的研究，研究成为大公司高级管理者需要哪些必备素质。研究人员发现，《财富》(*Fortune*) 杂志评选出的 500 强公司的首席执行官似乎都具有两个共同

的特质。

首先是处理危机的能力。"当身处危机时,只有强者才能前进。"这些首席执行官在其职业生涯早期都展示了这种能力,这使他们能够从问题和挫折中振作起来,有效地应对困难、克服困难,最终实现公司的目标。

而第二个共同素质是他们有能力组建团队并成为其中的一员。这些首席执行官在职业生涯初期都是出色的团队成员。他们自愿参加各项任务,于是很快就成为团队中排名前20%的成员,这20%的成员能够完成团队80%的工作。

结果,他们得到了晋升,组建了自己的团队,有了需要自己去管理的员工。由于与团队成员的有效合作,团队取得了更丰硕的成果,因而吸纳了更

第十四章 培养团队精神

多优秀的成员加入。在其职业生涯的后期,作为500强公司的首席执行官,他们需要管理有成千上万个不同身份的员工。

此外,研究人员还发现:管理者无法在课堂上学习如何更好地处理危机,这一能力源自个人的内心;但是,成为一名具有团队精神的人以及有能力组建团队为公司取得更大利益,则是一项可以学习的技能。

管理者可以依次完成下列几件事情用以培养团队精神、成为出色的团队领导者。

明确目标

管理者要弄清楚自己是谁、想要什么,也就是

管 理
MANAGEMENT

要确定自己的优势和劣势,为自己和自己的事业设定明确的目标,为自己的职责范围设定明确的目标。

❖ 明确公司的驱动力

管理者要花点时间告诉团队成员,团队正在做什么以及为什么要这么做。特别是,管理者要从如何帮助和改善团队成员生活的角度定义团队的目标和任务。使团队的目标成为鼓舞团队的信念,并使团队成员希望为实现这一目标贡献自己的力量。

美国沃尔玛(Walmart)公司曾在美国圣路易斯举行过一次25000人——不仅包括其管理者,也包括员工——参与的公司年度大会。我认真倾听了其总裁在会上发表的演讲。他知道自己真正的价值

第十四章 培养团队精神

观、愿景、使命和宗旨是什么。他是这样说的:"沃尔玛的员工都十分清楚自己在做什么。我们的目标是以尽可能低的价格为客户提供最好的产品和服务,以便他们有更多钱花在自己的家人和孩子身上。"

听完这句话,整个会场的人都起立为他鼓掌。可见,他们对帮助改善客户及其家庭生活的热情是整个公司的驱动力。

交流并分享想法

定期沟通与培养团队精神存在直接关系。管理者每周都要与员工举行必要且有效的会议,以分享各自的想法,了解彼此在做什么。

我合作过的每一家成功的公司都会不断地找机

管理
MANAGEMENT

会把员工聚集在一起，通过交流培养团队精神，激发员工为公司奉献自己的精神和动力。例如，美国富国银行（Wells Fargo）以鼓励其每个分行捐赠一家慈善机构而闻名，分行的每位员工都会为这家慈善机构做出自己的贡献和支持，即使是很小的支持。这一理念也成功地使每家分行都形成了高水平的团队精神。如今富国银行总部派驻了100多名全职员工到各分行来支持这一举措。

庆祝重要活动

管理者可以用奖品和表彰为员工庆祝生日、成功和胜利，使员工感到自己受到重视。当员工受到称赞并有人为他庆祝胜利时，会自我感觉非常棒，

第十四章
培养团队精神

也会非常感恩团队的其他成员。

管理者要在员工之间营造和谐的氛围。我的朋友肯尼斯·布兰查德（Kenneth Blanchard）自称"精神领袖"，他的公司拥有172名员工。他认为他的工作是确保所有员工都能非常开心和谐地相处。这是作为一个团队的领导者所能做的重要的事情之一。

在我的公司中，管理者们会告诉员工自己希望他们在工作中感到快乐。我也时常会对员工说："如果你有任何问题或疑虑，请找我或其他任意一位高管，我们会尽力帮你解决问题。"但是，如果我们发现某个员工在所有工作时间都非常消极或感到不满意，并且不满足于目前的工作，我们会鼓励他换一份工作。在工作环境中，一个不快乐或消极的员工会给其他许多员工的工作态度带来极其负面的影响。

让员工知情

管理者要让员工了解公司中正在发生的会影响他们工作的所有事情。告诉员工不断变化的经济形势、人员的变动等外部环境会如何影响他们的工作和活动。员工对工作环境的变化了解越多,当作为团队的一员工作时,就会越积极、越专注。

三个发展阶段

一般而言,员工在职业生涯中会经历三个发展阶段。首先是依赖阶段,在这一阶段,员工依靠他人来告诉自己该做什么,并得知自己的职业、工资、福利是什么。

第十四章
培养团队精神

第二个更高层次的发展阶段是独立阶段。在这个阶段,员工会认为自己有能力胜任工作并能因此得到认可。

第三个发展阶段是相互依存阶段,这也是终极阶段。在这个阶段,每位员工都会与他人合作完成一项工作,而这项工作是一个人无法独自完成的工作。

独立是一种积极的品质,管理者激发员工独立性的有效做法就是为独立的成就(即个人成就)建立奖励机制。培养员工之间相互依赖的方法是建立小组奖励,或者在团队中的各个成员之间基于某些理由分配奖励。奖励可以是分红、奖金,甚至可以是庆祝活动,比如,聚会、公司举行的假期郊游等。管理者越是频繁地将团队成员召集在一起,以一种

和谐的精神进行讨论和合作,员工工作就会越积极、越有动力,就会更加坚定为公司和管理者实现承诺的目标。

第十五章
做出正确的决定

果断是高效率管理者的关键品质。除非管理者练就解决问题和做出正确决定的能力,否则不会得到晋升。

有时候,我在演讲时会告诉听众,我有惊人的记忆力,已经记住了他们每个人的头衔。在场的听众可能有数百人,所以当未解释我的意思时,每个人都带着怀疑的眼神看着我。我继续说:"无论您的名片上写有什么头衔或职位,真正的职位描述都是解决问题的人。"

管理
MANAGEMENT

从早上开始上班到晚上下班回到家，管理者都在一个接一个地解决各种或大或小的问题。如果管理者没有任何需要解决的问题，那么一台机器或是一位初级员工都能代替其工作。

以解决问题为导向

普通员工会不断思考自己面临的问题以及这些问题应归咎于谁。高层管理者会不断思考自己所遇到的问题的解决方案，以及可以立即采取哪些措施推动公司的发展。因此，管理者要重点提高自己解决问题的能力。

每当管理者遇到任何的失利、阻碍或挫折时，都要先反思"问题到底在哪里"。

第十五章
做出正确的决定

管理者要用尽可能多的不同方式来定义问题。甚至可以考虑:"这真的有问题吗?这种情况会带来什么好处或优势吗?难道这是'塞翁失马,焉知非福'?"有时候,管理者正在解决的问题可能不是真正的问题。

管理者要小心只有一种定义的问题。定义一个问题的方法越多,就越容易得到解决方案和决策,越能真正地解决问题。

一旦定义问题后,管理者就要反思:"所有可能的解决方案是什么?"当心只有一个解决方案的问题,管理者能想到的解决方案越多,就越有可能想出能带来最佳结果的理想解决方案。

管理 MANAGEMENT

做决定

最终,管理者要做出决定。决定自己到底要做什么来解决问题、克服障碍,或者达到目标。

做出决定后,管理者要将该决定的具体责任分配给某位员工或自己,并规定最后期限。一个没有截止日期的目标就像一场没有得到结论的谈话。

在本书第十一章中,我谈到了丹尼尔·卡尼曼对"快思考"与"慢思考"之间差异的研究。其中,"快思考"可以帮助管理者处理80%的工作决策。管理者可能已经掌握了大部分所需的事实和信息,决策只是需要在两种行动方案中做出选择,选择后就会忙碌起来。一般来说,有行动总比没有行动好。

第十五章
做出正确的决定

只有20％的决策需要"慢思考"。如果错误的决定可能带来严重的潜在后果，管理者则需要放慢速度，收集更多的信息并花更多的时间做出决策。

一般而言，如果没有必要必须做决定，就有必要不做决定——至少目前是这样。近期的一项研究表明，管理者在信息收集阶段之后、决策阶段之前这一中间阶段花费的时间越多，总体来说做出的决策就会越好。因此，管理者做任何重要决定前，都要尽量多花些时间。这样一来，所做的决定总是优于那些不经过充分思考就做出的决定。

做出决定后，管理者要分配责任、设定期限，并坚持完成，这样就离成功更近了一步。做决定是管理者的工作，也是其领薪水的原因。

减少损失

关于解决问题和决策的最后一点是,在每种情况下,管理者都要根据自己当时所知道的信息做出最正确的决定。但是,一旦收到情况变化的最新信息,管理者要做好准备及时止损并做出新的决定。

正如一句谚语所说:"不管你在错误的路上已经走了多远,必须回头。"

如果管理者能够实践这些原则,会成为更好的问题解决者和决策者。正如亨利·基辛格(Henry Kissinger)所说:"解决问题的唯一奖励就是去解决更大的问题。"

最成功的人,即获得最高薪水并以最快的速度晋升到组织中最高职位的人,往往是那些已经证明

第十五章
做出正确的决定

有能力解决自己遇到的所有问题的人,并能够将这些问题作为其通往更伟大事业的垫脚石。相信你也能够做到。

第十六章
清除障碍

管理者想要实现业务或个人生活中的目标，总会遇到一些需要克服的障碍，因此必须越过或绕过这些障碍。为了获得成功而扫除障碍的能力是一项可以学习的技能，比其他任何技能都更能帮助管理者实现自己的目标。

在设定目标的过程中，我总是会思考这样一个问题："一旦确定了目标，在实现的过程中我将面临哪些障碍？"

这个问题的另一种问法是："为什么我还没有达

第十六章
清除障碍

到目标？是什么在阻碍我前进？"

员工经常把目标和任务混淆。每当员工说其每天都有一个目标清单时，他们说的其实是"待办事项清单"，而非目标清单。目标是更大的事情，需要克服一些困难和解决一些问题才能实现。此外，实现目标还需要勇气、毅力和决心。因此，目标不仅仅是一项任务或一些"待办事项"。

确定自己的目标

首先，管理者要确定自己工作中最重要的目标。明确自己为什么领工资，老板聘用自己是为了实现什么目标，在所有可以实现的目标中，哪些最能决定自己的价值和贡献。

然后，再问问自己："为什么我还没有实现这个目标？是什么在阻碍我前进？"

制约原则

管理顾问艾利·高德拉特（Eliyahu Goldratt）在其《目标》(*The Goal*) 一书中首次提到了制约原则，这也是管理领域的重大突破之一。这个原则虽然很简单，但可以为你带来革命性的变化。

艾利·高德拉特表示，在现实与目标之间，有一条必经之路。在这条路上，你会遇到各种障碍或制约因素，它们决定了你实现目标的速度。

关键问题是："哪个因素决定了实现某一目标的速度？"

第十六章 清除障碍

当与销售公司合作时,我发现几乎每个公司的首要目标都是高销售额。因此,在寻找问题或制约因素时,他们通常会说"我们的销售额不够高"。

那么,还存在其他什么问题吗?事实上,我们发现有多达 21 种不同的原因导致其销售额不够高。在大多数情况下,许多公司都在忙着解决错误的问题,根本没有发现真正的制约因素或障碍。

二八定律

我们发现二八定律也适用于分析管理者实现目标的制约因素或阻碍。在这种情况下,我们发现管理者未能成功实现特定目标的 80% 的原因都在于其自身或公司内部,只有 20% 的原因来自外部的约束

因素，包括市场、竞争等。

此外，管理者若想找出和减少制约因素，首先要做的就是问自己："是什么在阻碍我前进？"

当管理者出于某种原因开始审视自己和公司时，就会准确地知道为什么自己没有实现设定的目标。

帮员工找准制约因素

管理者的一项重要工作就是帮助员工确定阻碍他们实现最重要目标的主要制约因素。无论员工的制约因素是缺乏指导、资源、设施、金钱、时间，还是其他的东西，管理者都要尽可能地帮助他们消除这些障碍，使其能够发挥最佳水平。

一旦确定了主要制约因素，就要将所有的时间

第十六章
清除障碍

和精力都集中在上面。排除其他任务的干扰,一心一意地专注于消除这一制约因素。一旦减轻或消除了最大的制约因素或障碍,管理者会取得更大更快的进步,这是完成任何其他任务都无法带来的。

第十七章
为员工树立榜样

管理者可以为公司做的重要贡献就是成为员工的榜样。管理者应该努力成为员工仰慕、欣赏、想要成为的人。

优秀的管理者知道,员工一直在观察自己,自己的行为为整个工作团队设定了标准。请记住,员工会仿照管理者的方式工作。如果管理者希望员工早上早点来上班,那自己就要早点来。如果希望员工守时,自己也要养成守时的习惯。如果希望员工在工作前会规划任务的优先级,则自己首先要规划

第十七章 为员工树立榜样

好任务的优先级。如果希望员工好好利用时间,则自己首先要好好利用时间。

设定标准

管理者要意识到,自己表现出的态度、价值观、观点、行为和习惯会影响整个部门或公司。拉尔夫·沃尔多·爱默生(Ralph Waldo Emerson)曾说:"一个机构无非是某个人延长了的影子。"因此,管理者永远都不要指望部门或公司中的员工跟自己大不相同,或者比自己优秀很多。

管理者需要反思这样一个重要的问题:"如果公司中的每个人都像我一样,那么公司将会变成什么样子?"

当管理者一遍又一遍地反思这个问题时，就会明白自己在哪些方面需要改进才能成为一位更好的管理者、更好的人。

因此，管理者要不断为自己设定更高的标准，然后不断提高这一标准。

管理者的孤独

管理者曾经做员工的时候可以"毫不保留地诉说"，可以与同事聊天、抱怨公司或其他同事、花很长的时间吃午餐、上班迟到早退。

但是，成为管理者、领导者之后，一切都会改变。管理者并非普通的员工，首先要对上级忠诚，也要对同事忠诚，此外，还要为所有下属设定标准，

第十七章
为员工树立榜样

树立榜样。

在此,我要向你们推荐一个非常适合管理者做的练习:首先,列出理想员工的工作习惯和行为。想象一下,如果自己手下所有的员工都很完美,那么他们将如何工作、如何走路、如何交谈,以及如何彼此互动。然后,列出自己可以亲自示范哪些行为,以为员工树立榜样。还要定期审视自己,在与员工互动的过程中寻找一切机会实践这些行为。

言行一致

例如,如果管理者希望自己的员工彼此关怀、礼貌、体贴,那么管理者自己每次在与所有员工的互动中都应该践行这三种品质。要表现得好像周围

的员工都在观察自己一样,事实也的确如此。

管理者千万不要在与员工聊天时说自己不想对某位员工(以及部门中的其他所有员工)的报告做出反馈。工作场所是没有秘密可言的,每位员工都会以比你认为的更快的速度知道一切。

如果管理者希望员工养成良好的工作习惯,自己首先也要养成良好的工作习惯。如果希望员工为会议做好充分的准备,每次参加会议时自己也要做好充分的准备。管理者要将自己想象成一名老师,在日常的工作中,所有"学生"都会效仿老师的行为。

管理者要设定每位员工都向往的高标准,要成为所有员工钦佩和尊敬的榜样,这也是其可以为公司做的最重要的贡献之一。

第十八章
集体讨论出解决方案

创造力和创新对于当今任何企业的生存都至关重要。因此，管理者的职责之一就是鼓励每位员工最大限度地发挥自身的创造力。有时，鼓励员工进行创造性思考所迸发出的想法，能够帮助公司赚取或节约数千美元，或者为公司减少数百小时的工作量。但仅凭管理者一人很难产生这种创造性的想法，所以必须鼓励员工积极参与、提出大量的新想法。想法的数量直接关系到它们的质量。

最有效地激发团队成员创造力的方法是定期进

行头脑风暴。美国 BBDO 广告公司的经理亚历克斯·奥斯本（Alex Osborn）于 1946 年提出了头脑风暴的概念。随后，此概念风靡全球，并被各个领域中最成功的人士和组织所采用。

先简要说明一下头脑风暴的大致步骤。首先，决定每周一次或更频繁地召集员工集体讨论公司面临的问题，比如如何增加销售额、削减成本、增加收入、减少支出和提高工作效率等。在头脑风暴会议中，员工可以讨论任何问题。

其次，组建一个头脑风暴团队。团队的理想人数为 4~7 人。如果成员少于 4 人，不会碰撞出足够多的想法。如果超过 7 人，那么很多成员可能无法完全分享自己的想法。

第三，设置时间限制。头脑风暴会议的理想时

第十八章 集体讨论出解决方案

长为 15~45 分钟。在进行头脑风暴时，管理者最好用秒表或时钟计时，像比赛一样开始，并在约定的时间准时结束。有确定的开始和结束时间会激发员工更高水平的创造力，促使员工提出更多的想法。

第四，明确地定义问题或目标。进行头脑风暴时，管理者要在白板、活动挂图或纸上写出团队的目标，以便每位成员都可以看到、读到，都能清楚地知道管理者正在处理的问题。如有必要，在集体讨论想法和解决方案之前，可以先讨论目前要解决的问题，并就解决该问题面临的困难或障碍达成一致。

第五，提出一个需要具体回答的问题。例如，在接下来的 90 天内，如何将销售额增加 20% 以上？在接下来的 90 天内，如何削减 20% 的销售成本？

最好的问题需要最实用的想法。这些问题会迫使每位员工进行具体的思考,并讨论出可立即实施的可行的解决方案。

第六,同意所有人在会议期间暂缓做出判断。在头脑风暴会议结束之前,管理者不需要发表任何正面或负面的评论,也不用对任何想法进行讨论或评估。此外,还要同意员工暂缓做出判断,这样可以激发出许多荒谬的答案,用欢笑和非传统的方法来解决问题。

头脑风暴带来的一次突破

在 20 世纪 50 年代至 60 年代期间,人类正在进行早期的太空探索和月球探索计划。重力是科学

第十八章
集体讨论出解决方案

家面临的头号难题。如何才能将太空飞船送上月球、降落在月球,然后再从月球发射回地球呢?问题在于,如果太空飞船使用足够的燃料摆脱地球的重力并降落在月球上,那么就很可能没有足够的燃料来摆脱月球的重力重新返回地球。

经过集思广益,美国航空航天局(National Aeronautics and Space Administration,简称NASA)的科学家们提出了一个想法,也改变了此后50年的太空探索。他们说:"为什么我们要把整个太空飞船降落在月球上?如果我们只是从一个较大的太空飞船上放下一个月球舱,该太空飞船继续绕月球运行;然后再发射下放的月球舱,使之重新进入较大的太空飞船,最后共同返回地球呢?"

现在看来,这个想法虽然听起来很简单,但成

管 理
MANAGEMENT

为现代历史上最大的科学突破之一。这是思维碰撞的结果，也是"跳出固有思维模式"寻找不同方法解决主要难题的结果。

组织有序

每次的集体讨论会都需要一位主持人和一位记录员。会议主持人需要鼓励所有与会者积极贡献自己的想法，组织与会者轮流发言进行集体讨论，确保没有任何人主导讨论的话语权。记录员要记录与会者提出的所有想法，并在集体讨论会结束后，将记录的所有想法移交给管理者，以供后续评估。

如果是在上班时间召开集体讨论会，管理者要向员工表明公司需要并尊重他们的想法和创造力。

第十八章
集体讨论出解决方案

当管理者要求员工进行创造性思考时，员工往往会提出令管理者惊讶的想法。如果公司能给予员工为其做贡献的机会，管理者也会惊讶于普通员工的创造力。

当管理者养成激发员工创造力的习惯时，员工会一直进行创造性思考。在集体讨论会后，员工也会不断地向管理者提出一些自己在工作中突然闪现的新想法。有时候，一个好的想法可以改变整个公司的未来。

第十九章
像专业人士一样进行谈判

出色的管理者都是出色的谈判者。管理者通常需要持续地就相互冲突的利益和观点与他人进行谈判。所有的谈判都是各取所需。

管理者在为自己或代表公司进行谈判时,可以按照以下方法,以确保自己和公司获得最大利益。

遵照流程

在进行谈判之前,管理者首先要花些时间考虑

第十九章
像专业人士一样进行谈判

一下,如果谈判能够顺利进行,自己想要取得的最理想的结果是什么?

谈判中,如果一方充分考虑了相关因素或决策,也准备了备选方案并且清楚地知道此次谈判自己最理想的结果,会比没有经过深思熟虑就贸然开始谈判的一方掌握更大的优势。一场谈判能否成功,至少有80%取决于所做的准备工作。

当管理者要进行涉及大笔资金或需要大量思考的重要谈判时,再多的准备也不为过。并且在与另一方会面之前,管理者还要在纸上构思并准确写出自己的谈判目标。

管 理
MANAGEMENT

🦋 从对方的角度准备谈判

一旦确定了理想的预期结果，可以使用"律师的准备方法"，即列出自己认为另一方希望在此次协商中希望得到的所有结果。正如律师在准备自己的案件时要先从对方的角度准备一样，管理者也可以采取这样的方法为谈判做准备。也就是换位思考，事先考虑一下对方的立场和需求。

🦋 容易相处

管理者要下决心成为优秀的谈判者。热情、友好、镇定、礼貌、乐于助人是最佳谈判者的共同特质。在谈判时，他们尊重对手，礼貌地对待对手。

第十九章
像专业人士一样进行谈判

为了让对手感到自在,他们会给对方倒杯咖啡或倒杯水,在谈判中把自己定位为对方的朋友。

在谈判中,"讨人喜欢"是能获得最好结果的有利因素之一。谈判对手越喜欢你,就越容易受到你的影响,甚至会为了让你对谈判结果满意而做出让步。

忘记自己阅读或听说过的有关强硬谈判的所有内容,这种强硬方法只适用于电影当中。如果你试图在谈判中变得执拗且苛刻,那么谈判对手很有可能会直接终止讨论或退出谈判。如果对方在直接的谈判中变得苛刻,也请你务必保持轻松愉快的心情,等待对方平静下来。

管理 MANAGEMENT

✦ 力争取得双赢的解决方案

双赢是谈判最理想的结果。也就是说,在谈判中,双方都认为自己取得了很大的进展且都认为自己在某些方面赢得了胜利,任何一方都没有对谈判的结果感到不满意或不开心。

请记住,商务谈判的目的是要达成协议,尽量使双方都对谈判结果感到满意,才能使双方都自觉履行谈判中做出的承诺,并愿意在未来与对方再次进行商务谈判。

就我个人的经历而言,25年前,我在处理业务关系时就已经开始涉及谈判。由于我一直能为谈判做充分准备并追求公平(寻求双赢的结果),多年来我能够与相同的谈判对手就价值数百万美元的业务

第十九章
像专业人士一样进行谈判

进行谈判,并持续与其维持业务往来,没有任何紧张感或压力。这应该也是每位管理者的目标。

当开始谈判时,管理者要做的第一件事就是准确地了解对方想要实现的所有目标以及这些目标的优先顺序;然后,告诉对方自己的理想成果的优先顺序是什么。

四原则

管理者在谈判时要记住四原则。该原则表明,任何谈判通常只涉及四个问题,包括一个主要问题和三个次要问题。谈判能够进行的原因是谈判双方的主要问题是不同的。每一方都更加强调其中一个条款或条件,而次要强调其他三个。此外,双方所

强调的四个条款或条件各不相同。

🤝 做好再次谈判的准备

如果想取得最佳的结果,谈判双方要针对具有长期潜在后果的条款和条件进行谈判,这是另一个需要"慢思考"的领域。还要记住,任何谈判都不是最终谈判。如果根据新信息或情况变化发现自己做了一笔亏本的买卖(或者另一方发现自己做了一笔亏本的买卖),请做好再次谈判的准备,重新修订协议的条款和条件,以便双方都对协议感到满意。当双方对协议感到满意并持续感到满意时,就会共同努力使目前和后续的谈判都能够成功。

第二十章
清晰的沟通

管理者能否成功,85% 取决于其与他人有效沟通的能力。事实上,几乎所有关系中的所有问题,包括业务和个人关系,归根结底都是沟通问题。

你可能有过这样的经历,在听完一个人详细地介绍某个产品、服务、问题或行动方案后,仍然不知道他在说什么。这就是在交流中清晰度如此重要的原因。因此,管理者必须完全清楚自己要说什么,然后用清晰的表达方式与他人交流。

管理 MANAGEMENT

💬 沟通过程中的误解

沟通是一个持续的过程。首先，作为管理者，你要产生一个想法并将其转换成文字，然后再告知他人。当他人听到你的话后，会思考你的意思，然后做出回复。他所说的话是在空气中传播的声音，传递到你的大脑，大脑吸收这些话语后，翻译其含义，然后你才会做出回应。

在这种沟通过程中存在着较大的误读概率。你所说的每一个字都可能触发与自己期望不同的反应。听你说话的人，可能将你所用的词、字理解为不同的含义。就好比你说错了一个字，对方可能就无法理解你所说的话。

当其他人听到你所说的内容，他理解的意思可

第二十章 清晰的沟通

能与你真正想表达的有出入。对方回话的意思也可能与你听到的意思有所不同。房间中可能有噪声或其他干扰,有人进出的声音,外面汽车经过的声音,等等,所有这些都会破坏交流的流畅性,分散说话者或倾听者的注意力。

走神引起的误解

沟通失败可能是由于倾听的人突然想起,他当天早上与妻子吵架、上班途中被开了一张超速罚单、老板几分钟前说的话、即将参加一场没有做好准备的会议等。所有这些不同形式的"噪声"都可能导致沟通中的误解。

如果沟通的第一要素是清晰度,那么第二要素

就是耐心。花点时间慢慢地交流,然后确保对方听到的是自己所说的内容,以及对方说的就是自己听到并理解的内容。

三种沟通方式

常见的沟通方式有三种:书面交流、一对一交流和站在观众面前演讲。管理者需要掌握并熟练地使用这三种沟通方式。

首先,管理者要学习如何提升写作能力。现在,许多为期一两天的研讨会,都会开设关于商务写作的优秀课程,这些课程可以使所有聪明的管理者变成优秀的作家。书面交流要求语言清晰、简短、简单、准确。管理者可以通过学习和练习提高自己的

第二十章
清晰的沟通

写作能力。能够出色撰写信函和提案可以使管理者的事业得到快速的发展，并显著提高其影响力。

其次，学习如何一对一交流。准备工作既是谈判成功的关键，也是个人沟通成功的关键。事先准备好要交流的信息，始终思考以下问题的答案："这对对方有什么好处？"

人们做事是出于自己的目的，而不是他人的。如果管理者想影响员工并说服他们采用自己的思维方式，则必须为其提供他们想要、需要，并愿意为之牺牲的东西。

所有的高层管理人员都擅长兜售自己的想法。因此，他们始终从利益的角度表达自己的想法，也就是从改善员工的生活和工作，以及以更好、更快、更容易地取得成果的角度表达自己的想法。

管理 MANAGEMENT

最后,学习如何站在观众面前进行有效的演讲。这种"站着说话"的能力是一名优秀的管理者需要培养的重要的技能之一,即使一开始自己非常害怕公开演讲。

我建议管理者可以参加国际演讲协会(Toastmasters International)每周举办的演讲会,也可以参加戴尔·卡耐基(Dale Carnegie)的课程,在为期十四周的课程中,管理者可以学会如何变得既有能力又有信心。此外,管理者还可以参加其他专业的演讲课程或研讨会。

身为管理者,当你学会了如何在公司内外的会议上发言和做演讲时,你就会惊讶地发现这对自己的职业生涯多么重要。

第二十章
清晰的沟通

慢慢展示新想法

当向团队成员介绍新想法时,管理者应该预料到会受团队成员的抵触。如果管理者能够慢慢地介绍自己的新想法,而不是匆忙地坚持要求员工立即做出改变,会更有说服力。

管理者可以用类似如下的话来表达自己的新想法:"我一直在思考是否有一种方法可以改进我们的工作方式。现在,我想出了一些能削减成本的方法。你们觉得这个想法怎么样?"

每当管理者试探性地提出一个想法——就像自己刚刚想到这一想法且很期望别人可以对此发表观点或想法——就会注意到员工的抵触情绪有所降低,也更愿意接受自己的想法。

管理
MANAGEMENT

许多年前，我读了一本很薄的书，叫作《思考时间到》(*Time Out for Mental Digestion*)。书中指出，人一般需要大约72个小时才能将自己的新想法付诸实践。如果你提出一个新的想法后要求他人立即做出回应，人们普遍会拒绝或者说"不"。但是，如果你提出一个想法并给人们三天或更长的时间来考虑，人们通常会回馈你更多的想法，使你最初的想法更加成熟。

有效沟通的关键是管理者要做出决定，并用绝对出色的方式传达自己的信息。我们在上文谈到的三种方式：书面交流、一对一交流及站在观众面前演讲，这些沟通技巧都是可以学习的。无论你现在表现如何，都可以通过学习更有效地与他人沟通，更好地影响他人与自己合作。

第二十一章
成就个人卓越

在对自己来说最重要的事情上,管理者要立志取得卓越的表现,这对管理者今后的事业影响极大。

一般而言,每个组织都有两种通往最高职位的途径。一种是通过自身的绩效,另一种是通过关系。有关马基雅弗利主义[1]和管理学的研究表明,如果一

---

[1] 马基雅弗利是意大利政治家和历史学家,以主张为达目的可以不择手段而著称于世。后来,马基雅弗利主义也成为权术和谋略的代名词。——译者注

管理
MANAGEMENT

个人试图通过关系达到最高职位,则其职业生涯会不可避免地在某个时刻遭遇挫折。

丹尼尔·肯尼迪（Daniel Kennedy）曾说:"在攀登成功的阶梯时,要警惕自己得罪过的人,因为他们会在你落魄时伺机报复。"

❖ 专注于绩效

如果管理者决定通过个人的绩效获得高层的职位,组织中的每个人,包括其上级、同级和下属都会帮助他。因此,如果管理者想获得更高职位,从今天开始,就要下决心尽自己所能成为最好的管理者。

事实证明,如果不努力地追求卓越就会无意识

第二十一章
成就个人卓越

地接受自己的平庸。正如美国的篮球教练帕特·莱利（Pat Riley）所说："如果你没有变得越来越好，就会变得越来越糟。"

中等绩效几乎是所有人的"默认设置"。如果管理者想有所突破，必须下定决心成为自己所在领域中优秀的人之一。此外，管理者还必须为其他为自己工作的人设定卓越的标准，鼓励、奖励和称赞下属完成高质量的工作。毕竟，他人对管理者的评价始终基于其监督的员工的工作质量。

庆祝成功

正如前文所述，管理者可以通过为员工庆祝成功和成就的方式——颁发奖励和奖品，鼓励其提高自己的工作质量。管理者要留意员工做得正确的事情，当他们取得不同寻常的表现时，抓住机会表扬他们。就如歌曲中所唱的那样："事情虽小，但意义重大。"

最重要的是，管理者要以身作则，把自己视为是部门、单位或公司的领路人。当管理者将自己视为其他员工效仿的榜样时，就走上了领导组织和自己生活的道路。

管理者要致力于取得持续不断的进步。每天阅读和学习与自己的领域相关的内容，参加额外的课程和研讨会，在车里和智能手机上收听音频节目，等等。在成为行业中最好的管理者之前，请不要停止学习和进步。

第二十二章
总　结

成功的管理者不是天生的,而是后天培养的。他们通过不断奋斗才逐步成为一个优秀的管理者。每个管理者都是从最底层开始,通过长期的努力艰难地取得成功。

作为管理者,如果你能够学习和模仿其他成功的管理者的行为、方法和技巧,也可以成为一个出色的管理者;如果能效仿其他成功人士的做法,自己也能很快获得其他成功人士所取得的成果。

本书所包含的思想和策略是基于30多年来我对

大型和小型公司的研究和工作经验。如果你意识到自己在这 21 个领域中的某个领域有进步的空间,请立即下决心今天就付诸实践努力 提升,不论是阅读书籍、参加研讨会、听音频节目,或者是向自己仰慕和欣赏的人寻求建议。请致力于不断地提升自我!